健康活力唤醒系列·

看视频学

咏春拳

王德生 编著

U0314281

化学工业出版社

·北京·

图书在版编目（CIP）数据

看视频学咏春拳 / 王德生编著 . — 北京：化学工
业出版社，2021.10
ISBN 978-7-122-39492-7

Ⅰ . ①看… Ⅱ . ①王… Ⅲ . ①南拳 - 基本知识 Ⅳ .
① G852.13

中国版本图书馆 CIP 数据核字（2021）第 132561 号

责任编辑：宋　薇　　　　　　　　装帧设计：张　辉

责任校对：张雨彤

出版发行：化学工业出版社 (北京市东城区青年湖南街 13 号 邮政编码 100011)

印　　装：北京缤索印刷有限公司

880mm×1230mm　1/24　印张 6　字数 200 千字　　2022 年 1 月北京第 1 版第 1 次印刷

购书咨询：010-64518888　　　　售后服务：010-64518899

网　　址：http://www.cip.com.cn

凡购买本书，如有缺损质量问题，本社销售中心负责调换。

定　　价：49.80 元　　　　　　　　　　　版权所有　违者必究

序 一

　　多年前，在北京偶遇王德生，当时得知他已公开授拳，但他对叶问咏春非常仰慕，只恼于难寻得真正叶问咏春传人，得知我仍在授拳，邀我给他传技，在他至深诚意打动下，终收他为门下弟子。

　　由于德生学习非常勤奋，且本身已有武术底子，很快即能掌握叶问咏春精要。他求技心甚强，多次来港必上体育会向我问技，亦勤于和师兄弟们交流印证，其叶问咏春拳技已日臻成熟，已能独当一面，欣悉德生把多年研习心得付梓成书，理当鼓励及支持。

梁华

2018年12月

序　二

　　德生邀我为其新书写序，余早疏于提笔，恐力有不逮，可师弟盛意拳拳，唯有勉力而为。

　　诚如师弟所言，自咏春火热后坊间无论教者、习者皆自言咏春，真伪难辨，且打出来的招式套路千奇百怪，有的刚硬如铁、疾快如风，有的柔弱如棉、慢似蜗牛，叫人眼花缭乱，无所适从，有甚者连师承也说不出来，不识者实不知从何选择。其实欲辨咏春不难，每个拳种自有其固有特式，如猴拳、醉拳、太极拳等，一经施展，看其型已知其意。我们叶问咏春如问公（叶问）手稿所言，创拳者和第一传人皆为女性，那么叶问咏春有女性特式自是必然，如女性体质气力较弱，应以不硬碰、省力、以柔制刚、速战速决为主，由于身材短小更要近身搏击制敌，贴了身空间小，手桥收摺要行肘力、发短劲，原位出手没多余动作，旋圈小、手影小，多用低脚和短桥窄马等，这是环环相扣、互为因果的，是咏春拳的基本拳理法则。虽现代咏春已偏向男性化，可总不能舍其本。

　　德生研习咏春多年，每次来港必向叶准恩师请艺，也喜和师兄弟们交流和分享心得，其造诣已深得叶准恩师咏春精粹，不待多言，既著新书乐为其序，并予推荐。

何基

2018年12月

何基为咏春叶准宗师首徒

个人著作有《谈刀论棍》一书

现为何基青衣咏春拳会会长

本书作者与何基先生

前　言

　　小时候我非常喜欢功夫，是发自内心的喜爱，每一次看功夫片都能让我热血沸腾。我曾在家人的强烈反对下，执拗地践行着自己的梦想，说服了父母，进入了北方老家的一个武术学校。几年后，我离开武校来到了首都北京闯荡。在与众多武友切磋交流时偶然发现，对于身材相差不多的对手我可以应对自如，而遇到身材高大者，硬碰硬的对抗则很难取胜。我不止一次地问自己，我学的到底是什么？这样下去学一辈子功夫也无法与身材高大者对抗。这让我陷入了沉思。

　　那一年在朋友的推荐下，我搭上了南下的火车，经深圳到达了香港，正式拜在我的恩师叶准门下，系统研习咏春拳。恩师告诉我："咏春是一门以柔克刚的功夫，功夫上身才能学以致用。"为了不断提高自身的咏春技艺，一有时间我都会抽空去往香港向恩师叶准学习。

　　1999年，我开始在北京传授咏春功夫。转眼间，已20余年，教学中，我接触了不同阶层的爱好者，在与他们交谈中，我发现多数人心目中都有一个功夫梦。他们大多数学功夫的目的不是为了比赛，而是为了强身健体和防身自卫。

　　由于工作和学习的原因，在我拳馆学拳者多数以每周两节课的居多。很多咏春拳爱好者不止一次向我寻求入门级咏春教材，以便在平时自学时参考，这也是我写这本书的原因。

　　本书主要从咏春拳练习与运用入手，从理论到实践，几易其稿不断完善。从手法、脚法、摔锁等基本技术进行介绍，主要针对入门者。书中着重以图文并茂的方式对练习咏春拳容易犯的错误及要点做了详细的示范和讲解，只要习者能够沿着正确的思路进行自我修习，便能很快掌握咏春拳的精旨要意。

咏春拳从中国走向世界，并成为国家级非物质文化遗产，是因为其有着不可替代的文化特色和实用价值。咏春拳由叶问在香港发扬光大，又经后人不断传承而环宇知名，习练人数与日递增，如今已经成为武术运动中一道亮丽的风景。

对于咏春拳来说，拳脚运动只是肢体的外在表达，强身健体、防身自卫、修身养性、陶冶情操，也是练习功效的一部分。内外兼修、知行合一、以柔制刚、以弱胜强，是咏春智慧的延伸；以武止戈，以武制暴，才是咏春精神和灵魂所在。

《看视频学咏春拳》旨在继承、弘扬和发展咏春拳，以咏春拳为载体传播立德树人，以武载道为咏春拳初学者提供自学指导，帮助咏春拳爱好者不断精进。

我的恩师叶准、大师兄何基为本书作序，刘冬梅老师在稿件完善中多次与我沟通，学生于杰森、陈汉洋配合技术示范，在此对他们表示感谢！

书中若有不妥之处，敬请指正。

王德生

2020年8月

目　录

第一章 概述

第一节　咏春拳源流与发展

　　咏春拳究竟源于何处？当今咏春拳各支系的传人们，都无法拿出确切的史料来证实咏春拳创始人是谁，是如何创立的。仅存的依据是师徒间的口耳相传，这也导致了咏春拳起源的说法众多。咏春拳流传至今，已有两百多年的历史了，从其传承体系和发展历程来看，主要分为以下三个时期。

一 / 五枚严咏春时期

　　明末清初，一些反清人士聚集在福建南少林寺，其中不乏俗家弟子。朝廷派兵围剿并火烧南少林寺，僧众死伤惨重，至善、五枚、白眉等"少林五老"死里逃生，四散隐遁。其中，五枚师太隐居到四川云南交界处的大凉山下。同样逃亡到此的还有南少林寺的俗家弟子严氏（排行老四，人称严四），他以做豆腐谋生。严氏膝下有个女儿名叫严咏春，因生得靓丽，遭到当地恶霸强行逼婚。严氏的常客五枚师太知道此事后将严咏春带到山里教授拳术。三年后，严咏春下山，将恶霸打得落花流水，当时名声大噪。后来严咏春问五枚师太该拳叫什么名字时，五枚说，这个拳没有名字，就以你的名字命名吧。咏春拳，从此得名。

后来，严咏春嫁给福建商人梁博俦，梁博俦向严咏春学得此拳术并传给了梁兰桂，梁兰桂传与黄华宝和梁二娣等人。梁二娣在戏班的红船上做船工，曾暗中拜少林至善大师学艺，学得了著名的六点半棍法。当时船上的竹篙成为训练六点半棍法的最佳器械，此后梁二娣将这套棍法融于咏春拳器械当中。这才有了今日的咏春六点半棍法。梁二娣学得咏春拳和六点半棍法后，人已跟随红船到了佛山。后来，梁二娣又将咏春拳传给了在佛山开医馆的鹤山古劳人梁赞。

二 / 梁赞、陈华顺时期

梁赞时期咏春拳终于有了正史记载。梁赞（生于1825年），原名梁德荣，广东鹤山市人，其父在佛山筷子街开设赞生堂医馆，父亲去世后，梁

赞开始在店中行医，由于医术精湛，深得病人称赞，人送绰号赞先生。梁赞少时喜武，曾跟多位名师学习武艺。曾与红船子弟梁二娣学习南少林拳术六点半棍法。而后梁二娣将梁赞引荐到同门黄华宝门下学习咏春拳。赞先生一生在佛山期间收徒不多，除长子梁壁得其真传，外姓弟子仅有陈华顺等几人。

陈华顺，祖籍广东顺德陈村，曾在钱庄以找钱之业为生，人送绰号"找钱华"。他的找钱商铺恰摆在"赞生堂"医馆对门，故与梁赞结缘学习咏春拳。其后梁赞让陈华顺开馆授徒，陈华顺遂放弃钱庄找钱之业，以授拳为生。在陈华顺之前包括梁赞在内，也都没有公开传授咏春拳，陈华顺是第一个公开传授咏春拳的人。叶问七岁时拜入陈华顺门下。当时的咏春拳被众多人士称为少爷拳，迫于学费价格不菲，能学者，多为经济富裕的贵族子弟。陈华顺一生收有16名弟子，叶问就是他年迈时期收的关门弟子。

三 / 叶问时期

叶问，祖籍广东佛山，7岁开始跟陈华顺学习咏春拳，16岁时在香港就读于圣士提反书院，机缘巧合下遇梁赞之子梁壁，深得咏春拳精髓。

1949年，叶问移居香港，之后在香港多地收徒教授咏春拳。1957年后，叶问众多弟子出国留学，随之将咏春拳也带到了国外，著名弟子李小龙远赴美国发展，他在五年咏春拳基础上创建了截拳道，促进了咏春拳的发展，也让更多的人知道了咏春拳。

第二节　叶问与咏春

一 / 拜师学艺、初识咏春

　　叶问幼年天资聪颖，经常从门缝观看陈华顺在自家宗祠授拳，七岁那年陈华顺把叶问叫进了祠堂，问他是否想学拳，如果想学就回去让他父母带他过来。叶问当真，在母亲的陪同下正式拜陈华顺为师，陈华顺租用叶问家祠堂教授徒弟，从此叶问开始了他学习咏春拳的历程。

二 / 香港求学、深造拳技

　　16岁那年，叶问离开佛山赴香港学习，就读于圣士提反书院。在此期间叶问在机缘巧合下，遇到了自己的师叔梁璧（梁赞之子）。在香港读书期间，叶问一有空闲就会到梁璧这里学习、深造咏春拳技，梁璧也非常欣赏叶问。叶问本身已有咏春拳功底，拳技与日俱增，学业结束后叶问拜别梁璧，回到了佛山。

三 / 峥嵘岁月、传授咏春

1914～1937年，叶问生活安逸。空闲时经常与朋友切磋钻研咏春拳，在广州、佛山一带名噪一时。

1937年，日寇入侵佛山，一时间哀鸿遍野，人们流离失所。从没想过以教授咏春拳为生的叶问，为了生计，更是为了让处于战乱中的同胞有保护自己的能力，开始收徒授拳。叶问好友周清泉的儿子周光耀成了叶问的第一个徒弟，教授地点就在周清泉开的花纱店内。其后多位弟子相继加入。

四 / 破旧立新、宗师崛起

1949年，叶问移居香港，由此开启了他咏春教学生涯最重要的时期。当时谁也想不到，多年后他所传授的咏春拳能够传遍世界。

1950年，叶问在好友李民的介绍下结识了弟子梁相，正式在港九饭店

教授咏春拳，随着学生不断增多，叶问也不断扩大教学场地，增设教学地点，由此使得咏春拳遍布港九。

在此期间，叶问在教拳中发现用传统的无极生太极、两仪生四象、四象生八卦等玄学术语称谓，学生很难听懂。为了让学拳者能够明其拳理，叶问破旧立新，大胆改进，用简单直观的现代语言阐释咏春拳精华。他把咏春招式里一些不实用的动作去掉，让咏春拳由繁变简，更加通俗易懂，同时也降低了学习的门槛。李小龙能够在咏春拳的基础上创立截拳道，和叶问树立的这种简捷思想有很大关系。

在香港期间，为了更好地推广咏春拳，叶问鼓励徒弟们授拳教学，一些出国留学的弟子通过校园向社会传播咏春拳，这大大促进了咏春拳在世界范围内的传播和推广。出国留学的弟子到了国外，按照叶问的建议，在同学中发展拳友，收授徒弟。大学毕业时，有的咏春门人已经拥有近百名徒弟了。当年在美国修读哲学的李小龙，就是一边读书一边教授中国功夫的。

1968年，叶问与众弟子在香港创立了咏春体育会和叶问国术总会。其后他的儿子叶准、叶正及其众多门人徒弟，在世界各地传承咏春拳。

五 / 宗师虽逝，精神永存

1972年12月1日，叶问在香港病逝。叶问在咏春拳术方面有极深的造诣，对咏春拳的发展作出了杰出的贡献，他武德人品堪称楷模，咏春拳派同仁一致推崇他为一代宗师。而他留下的咏春功夫，也承载着中国功夫文化的一角，向全世界武术爱好者诠释着"中国功夫"独一无二的魅力。

叶问的成功不仅是因为他有个徒弟叫李小龙，更多的是他创新的思维方式，以及不断总结归纳的教授方法，这些都是来源于他良好的咏春拳基础，7岁习武，年过50的他已经与咏春拳融为一体。怎样教才能让徒弟进步更快，对他来说已驾轻就熟。正因为他把复杂和不实用的动作进行剔除，用简捷直观的语言引导学生，才使咏春拳日渐由繁变简，更加通俗易懂。叶问除了对拳术本身进行大胆创新和改良外，还鼓励弟子在学校寻找对练伙伴，发展拳友，由此使咏春拳不断被人们所认知和接纳，也才有了今日的蓬勃之象。

第三节　咏春拳特点

中国功夫流派众多，不论在形式上还是风格上，各门各派拳术都有不同的拳理和特点，仅咏春拳而言，其主要特点有以下五个方面。

一 / 以柔制刚、松柔入手

咏春拳是一门以柔制刚的拳术，在搏斗中不主张与对方斗力，所谓以柔制刚，并不是不让用力，而是怎样借力打力，避开对方的力。在咏春拳中本力大小不是决定胜负的关键，咏春拳为女性所创，女性天生本力弱于男性，如与身材魁梧的男性斗力很难取胜。以柔克刚则是建立在借力巧打，通过身法、步法改变与对方所处的位置和角度，避开对方的攻击。从不同的角度去攻击对方，相比与之斗力取胜的概率更大，这即是咏春拳以柔制刚的特点。

咏春拳以松柔入手，目的是使肢体运动与内在呼吸进行协调，当肢体与呼吸协调时自身的僵硬之力就会改变。没有了僵硬之力就不会与之斗力。而松柔入手与以柔制刚是相辅相成的。

二 / 贴身短打、近身发力

天下武功唯快不破，贴身短打，近身发力是咏春拳的另一特点，很多看过叶问影片的人对密如雨点的咏春拳速叹为观止，贴身短打，近身发力是咏春拳的近身攻击理念，在双方对搏时如果一直与对方拉开距离，则双方都无法击中对方，要想攻击到对方就会有实际接触，咏春拳主张一旦接触就要贴近对方追着去打，这样既能防止对方逃脱，又能在缩短打击距离中发挥近身发力的作用。

三 / 步马稳固、移动灵活

步马稳固、移动灵活是咏春拳的下盘功夫，从其桩马结构而言，咏春的马略高于其他传统拳术，低于现代拳术。在咏春拳中，如果马太低移动起来相对要慢，马过高又会重心不稳，所以咏春拳的马是建立在传统拳术与现代拳术之间的高度。运用了三角原理作为桩马支点，既不失稳固性又增强了灵活性。

四 / 守中用中、拳由心发

守中用中，拳由心发是咏春拳的攻防特点，人体要害多分布于中心线，也称子午线，守中用中，即在防守自己中心线的同时也打击了对方的中心线。这也是咏春拳中以攻代守的打法。如日字连环拳攻击时，拳由中心打出，同时阻止了对方向我中心的攻击。

五 / 咏春三套拳

咏春拳有三套拳法，小念头、寻桥、标指，三套拳与其他拳术套路不同，没有腾空跳跃的动作，也没有大开大合的招式，以动作幅度的小巧和简洁实用为特色。每套拳都有其独特的功效，小念头是在静态过程中，通过手部运动协调呼吸，达到内外肢体的协调。寻桥则是在移动中完成手脚的配合作战。标指是在中、近、远距离把力打尽发尽。

看似简单，却包含了咏春拳实用的动作，可以通过对练与实战进行自由拆分组合，并加以灵活运用。拳套的招式是有形的结合，而运用时则是无形的自由发挥。咏春拳从有形到无形的过程要从拳套开始。

第二章　咏春拳基本技术

第一节　基础拳套（小念头）

一／小念头拳套（第一段）

1. 预备式

全身放松，双脚合并自然站立，两手自然垂放于两腿外侧，双眼目视前方，舌顶上腭，头正颈直（图2-1）。

★ 注意：以自然舒适为主。

图2-1

2.开二字钳羊马

两膝微曲身体下蹲，两臂体前成掌，两手同时收拳。以脚跟为轴两脚尖外分，以脚前掌为轴双脚跟外分，开二字钳羊马（图2-2～图2-5）。

图2-2

图2-3

图2-4

图2-5

小念头拳套（第一段）
扫一扫
即刻观看学习

★ 注意：开二字钳羊马时不可弓背、跷臀、耸肩、提气。

3. 下交叉耕手、上交叉摊手

　　双拳变掌向前下方交叉耕出，左手在上，右手在下，掌背朝前，掌心朝向自己，双肘内合小臂转动成上交叉摊手，双手同时收拳于腋下（图2-6～图2-8）。

图2-6

图2-7

图2-8

　　★注意：耕手时要沉肩，交叉摊手时要借助肘部内合与小臂转动，不可上抬肘部或紧贴身体。

4. 左日字拳、内圈手

将左拳移至中心，拳眼朝上，拳头与中心线保持一拳距离，向前直线打出，手臂打直时，左拳变为摊手，掌心朝上，左掌以手腕为轴心，由上向下圈转收拳（图2-9～图2-15）。

图2-9

图2-10

图2-11

图2-12

小念头拳套（第一段）
扫一扫
即刻观看学习

图2-13

图2-14

小念头拳套（第一段）
扫一扫
即刻观看学习

图2-15

★ 注意：日字拳移向中心时，沉肩、沉肘。圈手时，腕部扣紧不可翻肘。

5. 右手日字拳

将右拳移至中线，拳眼朝上，拳头与中心线保持一拳距离，向前直线打出，手臂打直时，右拳变为摊手，掌心朝上，以手腕为轴心，由上向下圈转收拳（图2-16～图2-22）。

图2-16

图2-17

图2-18

图2-19

图2-20

图2-21

小念头拳套（第一段）

扫一扫
即刻观看学习

图2-22

★ 注意：日字拳移向中心时，沉肩、沉肘。圈手时，腕部扣紧不可翻肘。

6. 左摊手、左护手、左伏手

左拳变掌，掌心朝上，缓慢向前摊出，当摊手肘距离身体一拳时，左掌以腕为轴向下圈转成护手，护手下沉距离身体一拳时，变为伏手向前伏出，当伏手肘距离身体一拳距离时圈手变护手，如此反复三次伏手变护手（图2-23~图2-32）。

图2-23

图2-24

图2-25

图2-26

图2-27

图2-28

小念头拳套（第一段）
扫一扫
即刻观看学习

图2-29

图2-30

图2-31　　　　　　　　　　　图2-32

★ 注意：摊手时，高度不可过肩，护手时高度不过颈。

7. 左拍手、左正掌

左手向右拍手，向前正掌打出，变为摊手、圈手，收拳（图2-33～图2-39）。

图2-33　　　　　　　　　　　图2-34

图2-35

图2-36

小念头拳套（第一段）
扫一扫
即刻观看学习

图2-37

图2-38

图2-39

★ 注意：拍手时不可拍过肩，
正掌时要沿中心线打出。

8. 右摊手、右护手、右伏手

右拳变掌，掌心朝上，缓慢向前摊出，当摊手肘距离身体一拳时，右掌以腕为轴向下圈转成护手，护手下沉距离身体一拳时，变为伏手向前伏出，当伏手肘距离身体一拳距离时圈手变护手，如此反复三次伏手变护手（图2-40～图2-49）。

图2-40

图2-41

图2-42

图2-43

图2-44

图2-45

小念头拳套（第一段）
扫一扫
即刻观看学习

图2-46

图2-47

图2-48

图2-49

★注意：摊手时，高度不可过肩，护手时高度不过颈。

9. 右拍手、右正掌

右手向左拍手，向前正掌打出，变为摊手、圈手，收拳（图2-50～图2-56）。

图2-50

图2-51

图2-52

图2-53

图2-54

图2-55

图2-56

小念头拳套（第一段）
扫一扫
即刻观看学习

★ 注意：拍手时，不可拍过肩，正掌时，要沿中心线打出。

二 / 小念头拳套（第二段）

10. 左右耕手、后耕手、前耕手

　　左手拳变掌，掌心朝下沿体侧耕出，右手拳变掌，掌心朝下沿体侧耕出；双手掌上提，掌心朝后，掌背朝前，由腰侧向后同时耕出，双掌回至腰侧向前下方耕出（图2-57～图2-62）。

图2-57

图2-58

图2-59

图2-60

图2-61

小念头拳套（第二段）
扫一扫
即刻观看学习

★注意：侧耕手时以拇指第二关节
对应腿侧中心线，前后耕手肘部
距离身体一拳，手朝向斜下方。

图2-62

11. 拦手、拂手、双枕手、双摊手

双臂折叠左手在上，右手在下成拦手，双臂向外打开成拂手，双臂折叠右手在上左手在下成拦手；双手肘部内合，掌心相对成双枕手，两小臂向外转动，掌心朝上成双摊手（图2-63～图2-67）。

图2-63

图2-64

图2-65

图2-66

图2-67

小念头拳套（第二段）
扫一扫
即刻观看学习

★ 注意：拦手时，肘尖与指尖齐平，高度与胸部为准，拂手打开时，双臂成一条直线与地面平行。

12. 及手、窒手、抹手、弹手

小臂向外转动，掌心朝下成及手，双指向前窒出形成窒手；双臂直向下抹出成抹手，双臂向上弹起，腕部内扣成弹手，双手同时收拳（图2-68～图2-73）。

图2-68

图2-69

图2-70

图2-71

小念头拳套（第二段）
扫一扫
即刻观看学习

图2-72　　　　　图2-73

★ 注意：及手时，双肘与身
体保持一拳距离，窒手高
与眼睛齐平。

三 / 小念头拳套（第三段）

13. 左拍手、左横掌

左手成掌向右拍出，由中心横掌向前打出，变为摊手，圈手收拳
（图2-74～图2-80）。

图2-74

小念头拳套（第三段）
扫一扫
即刻观看学习

图2-75

图2-76

小念头拳套（第三段）
扫一扫
即刻观看学习

图2-77

图2-78

图2-79　　　　　　　　　　图2-80

★注意：拍手时，手不过肩，横掌与肩同高，力点体现于手掌根部。

14. 右拍手、右横掌

右手成掌向左拍出，由中心横掌向前打出，变为摊手，圈手收拳（图2-81～图2-87）。

图2-81　　　　　　　　　　图2-82

图2-83

图2-84

小念头拳套（第三段）
扫一扫
即刻观看学习

图2-85

图2-86

图2-87

★ 注意：拍手时，手不过肩，横掌与肩同高，力点体现于手掌根部。

15. 左摊手、左弧手、左摊手

左摊手向前摊出，当肘部距离身体中心一拳距离时，小臂由中心向下转动，形成弧手，肘内合，翻转小臂成摊手（图2-88～图2-90）。

图2-88

图2-89

★ 注意：弧手时，肘部距离身体一
拳距离，手掌不过腿外侧。

图2-90

16. 左圈手、底掌、上托手

左手以手腕为轴向下圈转，成横向底掌打出，手肘内合变为摊手，手掌上托成上托手，圈手收拳（图2-91～图2-98）。

图2-91

图2-92

图2-93

图2-94

图2-95

图2-96

小念头拳套（第三段）
扫一扫
即刻观看学习

图2-97　　　　　　　　　　　图2-98

★注意：圈手时，不可翻肘，底掌与心窝同高。

17. 右摊手、右弧手、右摊手

右摊手由中心向前摊出，当肘部距离身体中心一拳距离时小臂由中心向下转动，成弧手，肘内合，翻转小臂形成摊手（图2-99～图2-101）。

图2-99　　　　　　　　　　　图2-100

★注意：弧手时肘部距离身体一拳

距离，手掌不过腿外侧。

图2-101

18. 右圈手、底掌、上托手

右手以腕为轴，向下圈转，成横向底掌打出，手肘内合，变为摊手，手掌上托成上托手，圈手收拳（图2-102～图2-109）。

图2-102

图2-103

小念头拳套（第三段）
扫一扫
即刻观看学习

图2-104

图2-105

图2-106

图2-107

小念头拳套（第三段）
扫一扫
即刻观看学习

图2-108　　　　　图2-109

★ 注意：圈手时，不可翻肘，底掌与心窝同高。

四 / 小念头拳套（第四段）

19. 左膀手、左摊手、左昂掌、摊手

左臂翻肘大于45度角成膀手，肘由上向下内合变为摊手，左手指尖朝下，掌根向前昂掌打出，摊手、圈手、收拳（图2-110～图2-117）。

小念头拳套（第四段）
扫一扫
即刻观看学习

图2-110

图2-111

图2-112

小念头拳套（第四段）
扫一扫
即刻观看学习

图2-113

图2-114

图2-115

图2-116

图2-117

★ 注意：膀手时，腕部对应身体中心，昂掌时不可抬肩。

20. 右膀手、右摊手、右昂掌、摊手

右臂翻肘大于45度角成膀手，肘由上向下内合，至中心变为摊手，右手指尖朝下，掌根向前昂掌打出，摊手、圈手、收拳（图2-118～图2-125）。

图2-118

图2-119

小念头拳套（第四段）
扫一扫
即刻观看学习

图2-120

图2-121

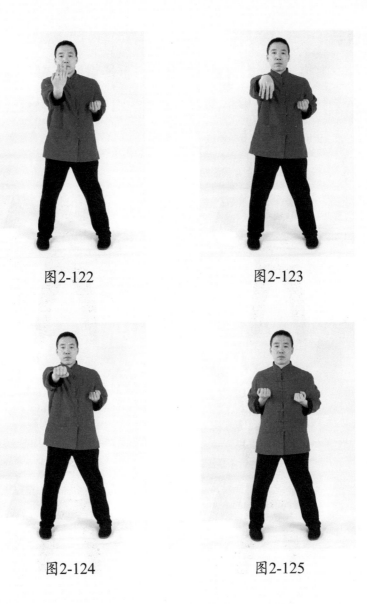

图2-122　　　　　　　　　　　图2-123

图2-124　　　　　　　　　　　图2-125

★ 注意：膀手时，腕部对应身体中心，昂掌时不可抬肩。

21. 左右脱手

　　左手成掌由中心斜下方脱手打出，右手摊手放于左手肘部并向前打出，左手变为摊手回至右手肘部，左手摊手由右手肘部向前脱出，右手变为摊手回至左手肘部（图2-126～图2-129）。

图2-126

图2-127

图2-128

图2-129

　★ 注意：脱手时，应向斜前下方打出，不可脱离中心。

22. 连环日字拳

右手摊手成日字拳向前打出，左手回至肘部成日字拳，左手日字拳向前打出，右手日字拳收至左肘部，右手日字拳向前打出，左手日字拳由右臂下方收拳（图2-130～图2-132）。

图2-130　　　　　　　　　　图2-131

图2-132

小念头拳套（第四段）
扫一扫
即刻观看学习

★注意：日字拳打出时，不可脱离中心，两拳一出一收交替进行要同步。

23. 收式

右手拳变摊手，腕部内圈，收拳于腋下。两脚以脚前掌为轴，脚跟同时内收，以脚跟为轴脚尖同时内收，两手由腿侧向下双耕手打出，双手自然下垂于体侧（图2-133～图2-140）。

图2-133

图2-134

图2-135

图2-136

图2-137

图2-138

图2-139

图2-140

小念头拳套（第四段）
扫一扫
即刻观看学习

★ 注意：收脚时，不可离地面太高，两脚同步进行。

五 / 念头正、终身正

念头正、终身正，是叶问宗师教授弟子时常用的一句话，日后被众多咏春拳门人传颂，其意是告诫弟子小念头是咏春拳的基础，小念头要求身体中正（不可东倒西歪），一动不动（桩马站好后下盘不动）。完成整套拳法，小念头是咏春拳的基础，练好很重要。

六 / 小念头的立念为新

学习小念头时，个别初学者会感觉到枯燥无味，常常因为站不住而放弃。而小念头的立念为新告诉我们，唯有放弃过时的思想和不正确的观念，才能树立一种全新的观念，这种观念在小念头中即为立念为新之意。

七 / 小念头特点

小念头是咏春拳第一套拳，在强化桩马下盘稳固性的同时，也能使上肢手法得到同步训练。它的特点是由内在呼吸协调外在肢体，使习练者呼吸均畅深长。在整套拳中没有特别加速的动作，目的是让肢体和气息更好地整合为一体，达到慢练快用的效果。

一些咏春拳初学者会误认为，与人搏斗时就是用固定拳套与其相搏。咏春拳小念头如同学英语字母一样，它并不是英语单词，但却是最基础的要素。假如把小念头拳套理解为实战搏击，就像误把英语中的字母当成了单词一样。小念头是在松静自然中，达到框架结构的稳固与内外肢体的协调，拳套中包含了众多常用手法，运用时从拳套中拆分进行组合，是小念头的特点和意义。

第二节　基本桩马与步法

咏春拳非常强调桩马的稳固与步法的灵活性。以腿支撑原地转动的称为马法，以脚前后左右移动的统称为步法。步马在咏春拳中承载着相当重要的作用，在接近对手、攻击对手、防御攻击时都会涉及到步马的运用。良好协调的步马可在攻防中变化自由。对于一个桩马与步法不灵活的人而言，无论是站在原地还是自由移动都会显得僵硬笨拙。

一 / 正身马与转马

正身马是以平行站立，身体正向前方的马，在咏春拳中称为二字钳羊马，而在真实打斗中，出其不意的攻击随时会发生在我们身边，转马运用得好，能避开对方的直接攻击。

动作实例：

正身马站立，当遇对方攻击时，转马可改变方向，从而避开对方的攻击（图2-141和图2-142）。

正身马与转马
扫一扫
即刻观看学习

图2-141   图2-142

★ 注意：开马宽度与肩同宽，转马时，重心后移避开对方打击的中心点。

二 / 侧身马

侧身马是指身体侧向站立，是在转马基础上形成的马法，在很多时候侧身马运用比正身马更为广泛，在一些搏击竞赛中能看到咏春拳侧身马的身影，相对正身马而言，侧身马具有了进退移动的灵活性。对于需要由步法完成的动作，大多数都是以侧身马站立为主。

1. 左侧身马

动作实例：

正身马站立，两脚左转成左侧身马，两手抬至体前，前手上臂和前臂之间的角度不小于45度，后手角度略小于前手并放于身体中心线，重心前四后六分布（图2-143和图2-144）。

侧身马——左侧身马、
右侧身马
扫一扫
即刻观看学习

图2-143

图2-144

★ 注意：转动时以脚跟为轴。

2. 右侧身马

动作实例：

正身马站立，两脚向右转动成右侧身马，两手抬至体前，前手上臂与前臂之间角度不小于45度，后手角度略小于前手并放于身体中心线，重心前四后六分布（图2-145和图2-146）。

图2-145   图2-146

★ 注意：体会重心的分布与肩、胯、脚的平衡度。

三 / 前后箭步

前后箭步是咏春拳中进退移动的步法，主要体现向对方发起攻击，以及在防守时躲避对方的攻击，箭步的灵活与稳固性，在运用时起到非常重要的作用。

1. 左前后箭步

动作实例：

左侧身马站立，左脚向前移动一小步，右脚向前跟进一小步，右脚向后移动一小步，左脚向后跟进一小步（图2-147～图2-151）。

图2-147

图2-148

图2-149

图2-150

图2-151　　　　★ 注意：移动时手的位置保持不变。

2. 右前后箭步

动作实例：

右侧身马站立，右脚向前移动一小步，左脚向前跟进一小步，左脚向后移动一小步，右脚向后跟进一小步（图2-152～图2-156）。

图2-152

图2-153

图2-154

图2-155

前后箭步
扫一扫
即刻观看学习

图2-156

★ 注意：为了提高灵活性，前后箭步移动时可微抬脚跟。

四 / 左右前后圈步

圈步是用于避开对方的直线进攻，改变原有方向和角度的一种步法，这种步法虽不如箭步运用多，但在近身中常会起到圈转攻防的作用。

1. 左前后圈步

左侧身马站立，右脚提起经由中心向前圈步落脚，右脚向后提起至中心向后圈步落脚（图2-157～图2-161）。

图2-157

图2-158

图2-159

左右前后圈步
扫一扫
即刻观看学习

63

图2-160 　　　　　　　　图2-161

★ 注意：圈步时另一脚顺着圈步转动。

2. 右前后圈步

右侧身马站立，左脚提起经由中心向前圈步落脚，左脚向后提起至中心向后圈步落脚（图2-162～图2-166）。

图2-162

图2-163

图2-164

图2-165

图2-166

左右前后圈步
扫一扫
即刻观看学习

★ 注意：落脚时重心始终保持在后。

第三节　手法

一 / 摊手横掌

摊手横掌是咏春掌法里较为常见的手法，摊手虽然不是主攻手法，但经常出现在迎接对方直向或横向的攻击。横掌是攻击性手法，运用时与摊手同步打出。攻击部位以头颈、肋部、心窝为主要目标。

动作实例：

右侧身马站立，右脚向前箭步落脚；同时，右手摊手，左手中位横掌打出（图2-167和图2-168）。

图2-167

图2-168

实战运用：

双方对峙，对方直拳发起攻击时，我摊手箭步同时以横掌攻其肋部（图2-169和图2-170）。

图2-169

图2-170

★ 注意：摊手箭步和横掌要同步。

摊手横掌
扫一扫
即刻观看学习

二 / 膀手拂手

膀手拂手是一种消极的防御手法，对方直线攻击时，来不及摊手时，运用膀手最为合适，拂手的组合延长了攻击距离。在膀手变拂手中，运用的是咏春拳卸力反击技法。

动作实例：

左侧身马站立，右转马左膀手（图2-171和图2-172）。

膀手拂手
扫一扫
即刻观看学习

图2-171

图2-172

实战运用：

双方对峙，对方以直拳攻击我头部，我以膀手转马使对方攻势偏离我中心，当对方欲收手时，我以拂手砍掌跟进，攻其颈部（图2-173和图2-174）。

图2-173   图2-174

★ 注意：拂手时根据距离可适当配合箭步。

三 / 拍手横掌

拍手横掌是咏春拳里较为直观简捷的手法，运用时比较简单，其实用却性不逊色于其他手法，它的特点是在同一时间完成攻防一体两个动作。

动作实例：

右侧身马站立，左上拍手，右横掌上位打出（图2-175和图2-176）。

图2-175 图2-176

实战运用：

双方对峙，对方以前手拳击打我面部时，我以拍手防御，横掌击其下颌（图2-177和图2-178）。

拍手横掌
扫一扫
即刻观看学习

图2-177 图2-178

★ 注意：可用箭步缩短攻击距离。

四 / 拦手窒手

拦手是咏春拳中横向拦截的手法，运用时可单手拦截也可双手合用；窒手则是攻击手法，要求力达指尖，拦手与窒手需要在控制中完成一防一攻的组合。

动作实例：

左侧身马站立，左手拦手，右手窒手打出（图2-179～图2-181）。

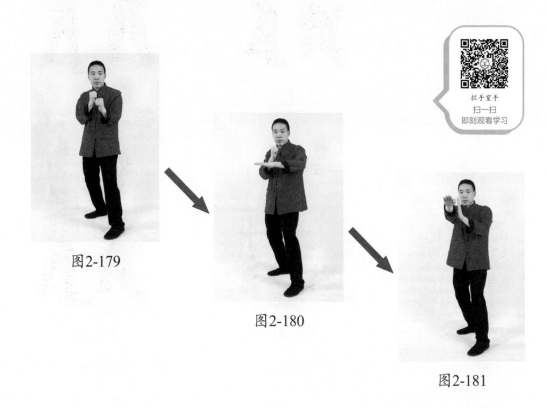

拦手窒手
扫一扫
即刻观看学习

图2-179

图2-180

图2-181

实战运用：

对欲抓我衣领的对手，我左手拦手，右手窒手攻其眼部（图2-182）。如果对方以双手掐我脖子，我以双拦手下拦，双窒手攻其眼部（图2-183～图2-185）。

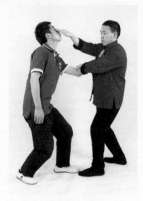

图2-182

图2-183

拦手窒手
扫一扫
即刻观看学习

图2-184

图2-185

★ 注意：如果对方松手后退，可配合箭步窒手进行攻击。双窒手时要借用拦手下沉后的反弹力。

五 / 耕手正掌

耕手在咏春拳套中，分为前、后、左、右四个方位，侧耕手在防卫中运用较多，特别是在手臂被扭时的解脱，多数人手臂被扭都会用相反的力对抗，企图挣脱对方，却不知这样只会让手臂越扭越紧，耕手则是改变力的方向，用一条手臂的力对应对方五个手指的力。

动作实例：

左侧身马站立，前手拳变掌，重心下沉，耕手向下打出（图2-186和图2-187）。

图2-186

图2-187

耕手正掌
扫一扫
即刻观看学习

实战运用：

对方扭我左臂时，我左手耕手向下耕出，右手正掌攻其下颌（图2-188～图2-190）。

图2-188

★注意：耕手时，降低重心，控制好平衡，正掌时根据距离可配合箭步攻击。

图2-189

图2-190

耕手正掌
扫一扫
即刻观看学习

六 / 连环日字拳

连环日字拳是咏春拳具有特点的拳法，也是主要拳法，属于直线型拳法，其连续攻击时速度较快，密如雨点，与其他拳术形成鲜明对比。连环日字拳不仅可用于主动攻击，也可用于防守反击，它不局限于任何动作的组合，却能融入任何技术。

动作实例：

右侧身马站立，右手向前打出一拳，左手拳迅速打出，右手收回至左手肘部，同时左手再向前打出，如此循环连续打出（图2-191～图2-194）。

图2-191

图2-192

图2-193

图2-194

连环日字拳
扫一扫
即刻观看学习

实战运用：

对于直拳和横拳组合向我发起攻击的对手，我以连环日字拳攻其面部（图2-195和图2-196）。

图2-195　　　　　　图2-196

★注意：日字拳打在同一个点，保持手臂上出拳，手臂下收拳。

第四节　咏春八脚

脚法是咏春拳下盘功夫，在有些运动中把脚法称为腿法，在咏春拳中，以脚攻击之法必经腿部带动，腿法和脚法则合二为一。

咏春拳主要脚法只有三种，却有八种不同用法，被咏春门人称为咏春八脚。这八种脚法有些可以单独用于攻防，有些可用于组合攻防。脚法运用的核心不外乎中、远、近的距离变化，脚法在攻防变化中不能单一化，与手法及其他技法有机组合，才能达到攻防有备、变化自如的地步。

一 / 正撑脚

正撑脚是从中心正向撑出的脚法，主要用于阻止对方的上肢进攻，或向对方直接发起的攻击。正撑脚具有简捷快速的特点，没有太多复杂的动作变化，既可配合手法，又可单独运用。

动作实例：

右侧身马站立，右脚由中心向前撑出，脚尖朝上，以脚跟为力点（图2-197和图2-198）。

正撑脚
扫一扫
即刻观看学习

图2-197

图2-198

实战运用：

双方对峙，对方上步以拳发起攻击时，我以正撑脚向对方中心阻截（图2-199和图2-200）。

★ 注意：起脚时重心不可后仰，力达脚跟。

图2-199

图2-200

二 / 侧撑脚

侧撑脚是一种强有力的脚法，在咏春拳中被定性为脚法中的骨干，因其在踢出时身体所处的位置是侧向的，与其他脚法相比，减少了中心暴露部位，在李小龙截拳道中把咏春拳的侧撑脚法称为侧踢腿，它的杀伤力大于其他脚法，发力点分布于脚跟、脚刀（脚的外侧）两个部位。

动作实例：

左侧身马站立，左脚提膝，同时转胯内扣，向前侧撑脚踢出（图2-201和图2-202）。

图2-201

图2-202

侧撑脚
扫一扫
即刻观看学习

实战运用：

双方对峙，对方以右高位腿攻击我头部，我以左侧撑脚踢其支撑腿（图2-203和图2-204）。

侧撑脚
扫一扫
即刻观看学习

图2-203

图2-204

★ 注意：要在对方脚没完成时侧撑，力点放于脚刀。

三 / 斜撑脚

斜撑脚不是主攻的脚法，但却是拦截对方下盘最常用的脚法，它的另一种用途是在对方发起攻击时，可以先完成防御，然后再反击，这也是斜撑脚的显著特点之一。

动作实例：

右侧身马站立，大腿外翻，向前斜撑脚踢出（图2-205和图2-206）。

图2-205

图2-206

实战运用：

双方对峙，对方向我中位直向踢击时，我以斜撑脚进行拦截（图2-207和图2-208）。

图2-207

图2-208

斜撑脚
扫一扫
即刻观看学习

★ 注意：拦截时要翻胯，接触点位置在脚底的中心。

四 / 撩阴脚

撩阴脚是由下向上踢出的脚法，此脚踢击力量虽然不如正、侧、斜三种脚法威力大，但他却是应急时最方便使用的脚法之一，它的发力点在脚尖，这也是与其他脚法不同之处。

动作实例：

左侧马站立，提膝同时向上撩出右脚，力点在脚尖（图2-209和图2-210）。

撩阴脚
扫一扫
即刻观看学习

图2-209

图2-210

实战运用：

双方对峙，对方以横向腿攻击时，以撩阴脚反击其裆部（图2-211和图2-212）。

图2-211   图2-212

★ 注意：撩击时，要后发先至，在对方脚没有完成动作前先行撩击对方裆部。

五 / 踩踏脚

踩踏脚与斜撑脚在外观上有相似的地方，但其原理完全不同，斜撑脚是向前撑出的，而踩踏脚则是向下踩出，运用时往往向对方腘窝处发起攻击。

动作实例：

正身马站立，左脚提膝，胯部外翻，由中心向下踩踏（图2-213和图2-214）。

图2-213　　　　　　　　　　　图2-214

实战运用：

双方对峙，对方以直拳向我面部攻击时，我护手防其来拳，顺势抓其小臂前拉，以踩踏脚攻击对方腘窝处（图2-215和图2-216）。

踩踏脚
扫一扫
即刻观看学习

图2-215　　　　　　　　　　　图2-216

★注意：抓拉和踩踏要同步，根据对方角度可配合转马。

六 / 转身脚

转身脚是咏春拳中向身后或体侧踢出的脚法，主要用于攻击身后和体侧，无法用眼睛看到目标，同时转身起脚也是对自己的一种保护措施。

动作实例：

右侧身马站立，左后转身时将左脚向身后踢出（图2-217和图2-218）。

图2-217

图2-218

转身脚
扫一扫
即刻观看学习

实战运用：

对于身后欲偷袭的对手，以转身脚发起有力攻击（图2-219和图2-220）。

第二章 咏春拳基本技术

图2-219

图2-220

★ 注意：转身时支撑脚配合转马调整角度。

七 / 前拌脚

前拌脚是将一只脚原地转动，用以阻挡对方的脚向前移动，常用于接腿时控制对方的支撑腿。

动作实例：

左侧身马站立，以前脚跟为轴向外转动，形成前拌脚（图2-221和图2-222）。

图2-221　　　　　　　　图2-222

实战运用：

双方对峙，对方以中位正踢攻击我腹部时，我转腰马配合箭步，抓其来腿向前拉，同时前拌脚挡其支撑脚，控制对方支撑脚向前移动，使对方重心失衡（图2-223和图2-224）。

前拌脚
扫一扫
即刻观看学习

图2-223　　　　　　　　图2-224

★ 注意：拌脚时与抓拉力同步整合，借助腰马加大前拉距离。

八 / 后拌脚

后拌脚在很多时候出现在拌摔技术里，也是与对方近身纠缠时常用的脚法，通过后方落脚拌摔，达到破坏对方重心的目的，此脚法的非主攻性决定了在运用时必须与手法配合。

动作实例：

右侧身马站立，右脚前脚掌撑地，脚跟踮起，同时向外转动回落（图2-225～图2-227）。

图2-225

后拌脚
扫一扫
即刻观看学习

图2-226

图2-227

实战运用：

双方对峙，对方以前手拳向我中位攻击，我后手防御同时箭步落脚，后拌脚与右手合力，将对方摔倒（图2-228～图2-230）。

图2-228　　　　　　　　图2-229　　　　　　　　图2-230

★ 注意：后拌脚时腿部要贴紧对方的腿。

第五节　咏春拳摔锁技法

　　咏春拳的摔锁不同于其他摔锁运动，如柔道的摔技与柔术的锁技，一部分动作是以抓道服去完成摔或锁，咏春拳的摔锁技术，是用咏春拳套路里的招式来完成摔锁的实施，他的表现形式体现于站立与倒地之间，常以手脚合为一体达到摔锁的目的。

一 / 窒手拦锁

　　窒手在一定运用范围中，不仅可以主攻也能用于防御，如果不想以击打方式去制服对手，窒手锁颈并不一定是最佳的选择，却是从外侧隐蔽性锁法的关键技术。

动作实例:

右侧身马站立,窒手向前打出,并迅速变为拦手,后手同时向前正掌打出(图2-231~图2-233)。

图2-231

图2-232

图2-233

窒手拦锁
扫一扫
即刻观看学习

实战运用：

双方对峙，对方直拳攻击我头部，我右窒手向前防御，同时箭步以窒手穿过对方下颌，拦手回拦锁其头颈，左手正掌推其右肩后，左脚同时踩踏其腘窝（图2-234～图2-237）。

图2-234

图2-235

图2-236

图2-237

窒手拦锁
扫一扫
即刻观看学习

★注意：窒手变拦手时，另一手推其右肩部，以防对方转身用肘反击。

二 / 弧手接腿摔

弧手接腿摔是一种典型的接腿摔法，主要用于横向腿法中位的防御。运用时因腿部力量较大，直接去接腿很难承受腿部的力量。运用时需要配合转动腰马卸力。

动作实例：

左侧身马站立，左转腰马，左手弧手右手摊手（图2-238和图2-239）。

弧手接腿摔
扫一扫
即刻观看学习

图2-238　　　　　　　　　图2-239

实战运用：

双方对峙，对方以横向腿向我攻击，我转马卸力同时以弧手防御，同时圈手变护手扣其腿部，后脚跨步至对方支撑腿后方，将对方摔倒（图2-240～图2-243）。

图2-240

图2-241

图2-242

图2-243

弧手接腿摔
扫一扫
即刻观看学习

★ 注意：圈手接腿时要与跨步形成一致。

三 / 护手拂手拌摔

拂手拌摔是在迎击的基础上实现的一种摔法，运用时需要步马的配合，力点放于掌刀或小臂。

动作实例：

左侧身马站立，左手护手变拳向后抓拉，后脚箭步越过前脚，右拂手打出（图2-244～图2-246）。

图2-244

图2-245

护手拂手拌摔
扫一扫
即刻观看学习

图2-246

实战运用：

双方对峙，对方直拳攻击我时，护手防御，同时抓扣对方手腕回拉，右脚箭步至对方前腿后侧，右拂手向对方颈部砍出，将对方砍倒（图2-247～图2-249）。

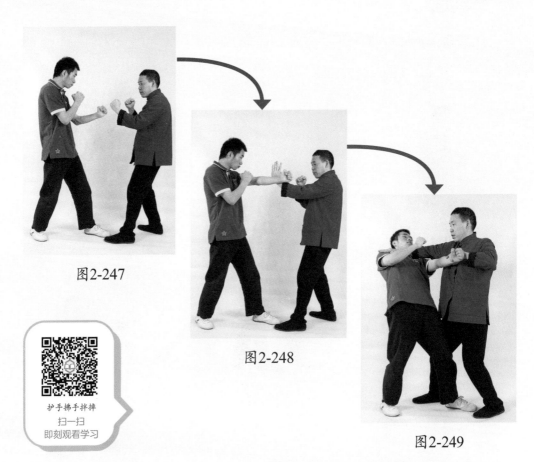

图2-247

图2-248

图2-249

护手拂手拌摔
扫一扫
即刻观看学习

★ 注意：箭步落脚要贴紧对方的腿，抓拉、拂手、砍颈要同步。

四 / 拦手锁颈

拦手锁颈是一种惯用的摔法，它是在将对方拖入地面后实施的一种控制，这种方式则是防御后的摔锁技术。

动作实例：

右侧身马站立，身体向下弯曲同时右手拦手，左手托于右手拳下，身体向后上方拉挺（图2-250～图2-252）。

图2-250

图2-251

拦手锁颈
扫一扫
即刻观看学习

图2-252

实战运用：

双方对峙，对于欲抱双腿摔我的对手，重心下压的同时拦手控制其颈部，左摊手上托拦手，向后拖拉颈部，倒地时双腿张开，内合两脚相搭，以钳羊马之力内钳对方软肋，向上后方挺腰胯（图2-253～图2-255）。

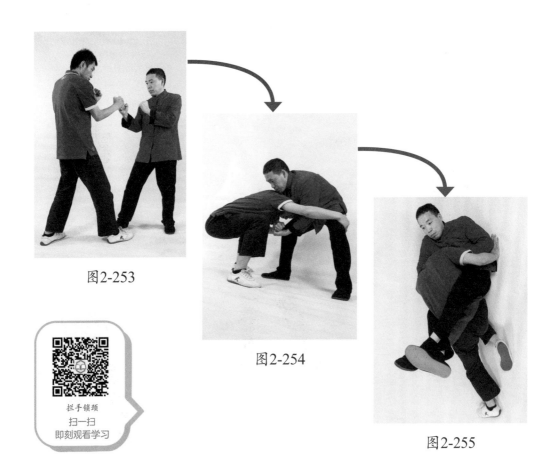

图2-253

图2-254

拦手锁颈
扫一扫
即刻观看学习

图2-255

★ 注意：拦手时锁紧对方颈部，挺胯时两腿膝部要钳紧。

五 / 弧手夹颈锁

弧手夹颈锁法相对比较简单，这种锁法在咏春拳中，常用于头往前钻欲抱我腰的对手，与其他摔锁技法不同的是，运用时仅限于同身高或者高于对手身高的人使用。夹颈锁时杠杆力完全依靠对方重心下坠的力，如果身高低于对方实施则会降低效果。

动作实例：

左侧身马站立，左手向下弧手打出，右手扣于左手腕外侧，上挺腰马（图2-256～图2-259）。

图2-256

图2-257

弧手夹颈锁
扫一扫
即刻观看学习

杠杆力：是指腰胯向前上挺时，上身自然向后，形成的力。

图2-258　　　　　　　　　　　图2-259

实战运用：

双方对峙，对方突然上步、头往前钻、搂我腰部时，我左弧手控制其颈部，右手扣于我左手腕部，锁紧对方的同时上挺腰胯（图2-260～图2-262）。

图2-260

图2-261 图2-262

弧手夹颈锁
扫一扫
即刻观看学习

★ 注意：弧手时手臂要夹紧对方。借助挺胯的杠杆力。

看/视/频/学 咏春拳

第三章　咏春拳防身自卫术

人体的健康和安全都是最重要的。咏春拳是一种非常注重防卫实效性的拳法，当危险出现在未知的情况下，应战成了唯一的选择，咏春拳技术就是我们发挥的基石。咏春拳理告诉我们，当面对敌人时，可运用一切有效的技法，但却不被所学技法而限制，切不要让死板固守或局限性成了自由发挥的绊脚石。

第一节　对身后袭击的防卫

身后防卫，在很多时候无法直接用眼睛辨别，出其不意就会被对方从身后抱住，或者由身后突然发起重击，身后防卫的关键是：先知性、预判性、果断性、技法有效性。

一／身后搂抱的防卫

身后搂抱往往是在未先知的情况下，被对方从身后抱住，这种搂抱相比从后面突然一击，较为安全一些，当对方抱住你双臂时，他的双手也局限在搂抱之中，此时，反击解脱是唯一的选择。

实战运用：

当被对方从身后突然抱住，以后耕手攻击对方裆部，此时对方搂抱双手即将松开，随即转体耕手变拂手，搂其颈部将对方打倒在地，并以膝控制对方头部（图3-1～图3-6）。

图3-1

图3-2

图3-3

图3-4

身后搂抱的防卫
扫一扫
即刻观看学习

身后搂抱的防卫
扫一扫
即刻观看学习

图3-5

图3-6

★ 注释：耕手时对方抱得紧很难直接耕手到位，配合转臂撑肘做起来就容易多了。

二 / 身后锁颈的防卫

当有人从身后锁住我颈部，稍加犹豫就会丧失战斗力，窒息随时可能出现，颈部是人体比较薄弱的地方，颈部被锁的危险性大于身后抱腰，防卫最佳的方法，是迅速给对方有力的一击。

运用方法：

当被袭击者从身后锁住了我的颈部，一手下拉对方小臂控制对方勒颈力道，另一手以后肘顶击对方中心，对方手松动时，转马过背将对方由后至前摔倒在地（图3-7～图3-12）。

图3-7

图3-8

图3-9

图3-10

身后锁颈的防卫
扫一扫
即刻观看学习

身后锁颈的防卫
扫一扫
即刻观看学习

图3-11

图3-12

★ 注释：控制对方勒紧的手臂，是防止被对方锁紧后没有抵抗能力，肘击时一定要向侧转身，给肘击创造空间。过背摔一开始就用不一定能成功，因为对方在锁颈用力阶段，如果对方遭遇重击再去运用就容易得多。

第二节　正面袭击的防卫

正面防卫，相比身后的防卫更直观，相对而言正面是可用眼睛来观察的，正面的防卫，常发生在双方有准备的条件下，对于正面发起攻击的对手，可根据情况不同运用相对应的技术。

一 / 对拳法袭击的防卫

对于拳法的防卫，咏春拳中有很多技术，护手、摊手相对容易发挥，在近身的攻防中，护手与顶膝是典型的应用组合。

运用方法：

当对方抡拳横向攻击我时，护手防其手臂，对方以另一拳再次攻击时，我以另一护手防其来拳，两手同时变摊手，以双枕手扣其头颈部，顶膝给以重击（图3-13～图3-16）。

图3-13　　　　　　　　　　图3-14

对拳法袭击的防卫
扫一扫
即刻观看学习

图3-15　　　　　　　　　　图3-16

★ 注释：抢拳的攻击虽然具备很大的惯性力量，但会因路线过长而影响
　　速度，护手近身时即可破坏对方横向的力。摊手向前时不要外挡，搂
　　颈要紧。

二 / 对脚法袭击的防卫

对于脚法的防卫，首要注重的是中位脚法，在搏斗中脚法对裆部要害的攻击较为常见，踢裆脚法的突发性虽较难防御。但在咏春拳技法里，弧手是专门对应中位的防御，也被称为中位脚法的克星。

运用方法：

当中位裆部遭遇攻击时，弧手由中心向下防御，同时箭步摆肘给予对方重击（图3-17～图3-19）。

图3-17

图3-18

对脚法袭击的防卫
扫一扫
即刻观看学习

图3-19

★ 注释：裆部踢击的脚法，不外乎直上或直前，无论哪种都可用于弧手防御，弧手摆肘打击，必须配合箭步才是成功的关键。弧手防御并无法重创对方，摆肘才能有效制止对方。

三 / 对抓腕的反击

抓腕的情形在街头较为常见，通常情况下比我们身材高大的人会用抓腕进行攻击，而比我们身材矮小的人则一般不会选择抓腕。

运用方法：

对于抓腕者欲以另一手攻击时，以摊手化解转腕反抓其手臂，同时以左下枕手下砸其手臂（图3-20～图3-22）。

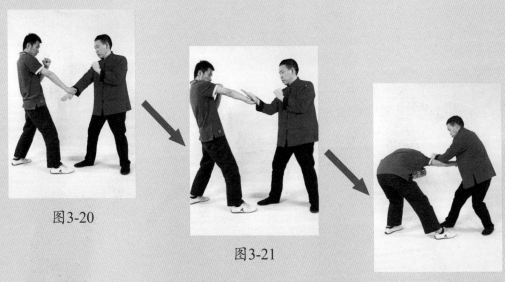

图3-20

图3-21

图3-22

对抓腕的反击
扫一扫
即刻观看学习

★ 注释：在被抓腕时如遇对方回拉我手臂，一定要跟进再做摊手，如果与对方相互拉手臂斗力，则无法用摊手化解，摊手化解的条件是必须具备肘部弯曲。

四 / 对扭臂的反击

当手臂被扭时，很多人常规的做法是用力反抗，这也导致了双方往不同方向用力，使手臂越拧越紧，而咏春拳对应的方法则是顺应对方的力，达到防卫解脱的目的。

运用方法：

当左手臂被扭时，左转身体以后撑脚对其裆部发起有力一击（图3-23和图3-24）。

图3-23　　　　　　　　图3-24　　　　　对扭臂的反击
扫一扫
即刻观看学习

★ 注释：如果身体右转只会让手臂越来越紧，左转则是与对手向同方向用力。起脚时一定要沿着自己的臀部向后踢击，避免对方贴近时无法起脚。

第三节　器械防卫

　　对持器械者反击较徒手要困难很多，从战术理论上能走则不与其相搏，当无法脱身，打斗在所难免时就要集中十分精神，面对可能发生的一切。器械不同于徒手，是因为徒手搏斗时一拳一脚不一定是致命的，而器械的杀伤力要远大于拳脚。

一 / 对长器械突袭的反击

　　对于长器械的袭击，躲得越远则越给对方更多的施展机会，长器械的优势，就是越远越有利。长器械的弊端是不如短器械容易控制。

　　运用方法：

　　当对方以长棍直向刺击时，我转马双枕手防其来棍，对方一击落空欲回收时，我枕手变上托下抹手，抓其来棍，以斜撑脚攻击其膝部（图3-25～图3-28）。

图3-25

图3-27

图3-26

图3-28

对长器械突袭的反击
扫一扫
即刻观看学习

★ 注释：转马目的是让对方攻击落空，棍子在快速有力的攻击下，很难抓住，唯有攻击落空才能降速，对方回收时也是抓棍的最佳时机。

二 / 对短器械突袭的反击

短器械袭击多数会发生在与我们很近的距离内，在防卫中果断出手，是制敌关键，短器械有很多种类，更为常见的是刀具和酒瓶。

运用方法：

当持刀者直劈过来，以转马后移重心躲闪，同时拍其手臂，对其裆部实施有力一击（图3-29～图3-31）。

图3-29

图3-30

图3-31

对短器械突袭的反击
扫一扫
即刻观看学习

★ 注释：对刀具的防卫不能用肉体与之接触，碰则必伤，用身法或步马躲闪后乘虚而入才符合咏春拳防卫原理。

第四章 咏春拳应具备
的综合素质

进行一项运动最容易忽视的训练就是身体综合素质，而体能、耐力、柔韧性是每一位咏春拳学者必备的功课，很多咏春拳习练者不注重身体素质训练，而是把过多的时间用在增强技术和表现花巧的动作上，然而在打斗中，技术和技巧虽然是重要的，但是技术和技巧的发挥需要良好的身体素质。在咏春拳中耐力、协调性、力量、速度、柔韧性是发挥技术施展的首要条件。试想，在一场真实的打斗中，没有良好的体能和身体综合素质，就无法发挥出强有力的打击，没有良好的协调性和柔韧性将会影响打击的速度和灵活性。

第一节　耐力训练

耐力是指在进行某一个动作或连续动作时的持久力，咏春拳中的耐力主要表现为外在耐力（肢体）。和内在耐力（呼吸）。耐力可分为有氧和无氧，有氧耐力多表现于匀速或静止动作中，无氧耐力多表现于急速或者爆发性动作中。例如，一个长跑运动员匀速跑时，则是在发挥有氧耐力，而冲刺时则是发挥无氧耐力。在咏春拳中唯有具备良好的耐力才能保证所有动作正常发挥。然而，一旦停止训练，耐力也会逐渐减退。

咏春拳耐力的训练有很多方法，在训练中缓慢匀速的称为有氧耐力训练，急速完成的称为无氧耐力训练。

一 / 有氧耐力训练法

- 用变向跑提高腿部耐力。
- 用掌撑地提高手臂耐力。
- 用拳撑地提高拳面硬度承受耐力。

1. 变向慢跑

跑步是最简单的运动，持续慢跑不仅能提高人体耐力还能调节人体的新陈代谢。向前跑、向后跑，为自己设定一个分钟时限，即先测试最长能持续多少分钟，根据自身适应能力逐渐增加跑步的时长。

2. 双手撑掌

双掌撑地，两手同肩宽，身体成直线，静止不动，直到手臂或腰酸痛忍不住时，起来放松间歇1分钟再进行下一组，每次不少于3组，每组起始20秒至1分钟，随着耐力增长逐渐增加持续时长（图4-1）。

3. 双手撑拳

双拳支撑身体，俯卧撑姿势，拳面接触地面，身体成直线，保持静止不动。待手臂酸痛无法忍受时起来间歇1分钟再进行下一组，每次不少于3组，每组持续30秒至1分钟（图4-2）。

图4-1　　　　　　　　　图4-2

4. 单手撑掌、撑拳

当具备双手撑拳条件后，即可进行单手撑掌、撑拳的练习，单手撑地要求手臂打直，身体成直线，持续至手臂发软快撑不住时，记录一次，每组进行3～5次，每次不少于10～30秒，根据承受耐力逐步增每次时间（图4-3和图4-4）。

有氧耐力训练法
扫一扫
即刻观看学习

图4-3　　　　　　　　　图4-4

二 / 无氧耐力训练法

- 快速冲刺跑是在无氧状态下提高腿部的耐力。
- 迅速连贯性高抬腿，提高腿部在快速交替状态下脚腕耐力。

1. 冲刺跑

快速向前冲刺跑，把速度提高到自己的极限，力尽时放松慢跑间歇，再次突然提速快跑，如此反复冲刺达到无氧训练的目的。

2. 快速高抬腿

两腿自然站立，屈膝两腿交替不间断快速上抬，以前脚掌踏地，最快速度完成每组次数。初练时每组20次，随着腿部耐力增加，每组次数加至30～50次（图4-5和图4-6）。

图4-5

图4-6

无氧耐力训练法
扫一扫
即刻观看学习

第二节　速度训练

　　速度是每次击打成功的主要因素，优秀的咏春拳手在比较轻松的情况下，就能给对手以迅速打击，还可以不被对手击中，这不仅是综合素质的体现，也彰显了速度的重要性。

　　咏春拳速度的表现形式来源于：上肢速度和下肢速度。

一 / 上肢速度训练

- 用靶子变速提高出拳速度。
- 用纸画圆圈方式提高手指戳击速度。

1. 拳速训练

　　训练伙伴双手持拳靶，立于体前两侧，练习者以日字拳击向不同靶子，当日字拳即将打到拳靶之时，持靶者迅速将拳靶向左或右移开，迫使练习者快速打击才能有效击中拳靶。随着训练者打中拳靶次数增多，持靶者变化速度逐渐加速。20拳为一组，每次不少于3组（图4-7和图4-8）。

图4-7 图4-8

2. 指法速度训练

同伴拿一张白纸，将白纸中心画一圆圈，训练者迅速将手指平向戳击纸的中心圆点。每组不少于30次，每次不少于2组（图4-9和图4-10）。

图4-9 图4-10

上肢速度训练
扫一扫
即刻观看学习

二 / 下肢速度训练

● 用空击组合方式提高移动速度

● 用跳绳方式或两人进退方式提升移动速度。

脚法空击速度训练：正身马站立，做正、侧、斜三种脚法，三个不同位置踢出，要求快速连贯。每组15次，每次不少于3组（图4-11～图4-13）。

图4-11

图4-12

图4-13

第三节 协调性训练

协调性是众多技术运用时都要具备的一个元素，以腰为主体传递上下肢运动，如果做一个动作，没有了腰部协调性，动作看起来就会生硬、呆板、不顺畅，协调性要经过训练才能加强。有时单一的动作容易协调，而连续的组合动作协调起来则较难。

一 / 腰部协调

- 下潜转腰，提高身体躲闪时的腰部协调性。

- 后甩腰，提高腰部向后伸展时与手脚的协调性。

- 提膝冲拳，增强上下肢连动的协调性。

1. 下潜转腰

训练伙伴持一长棍，平向伸出，练习者前后站立，下潜左右绕棍练习，每绕一次向前箭一步。每次1组不少于20次（图4-14～图4-16）。

图4-14

图4-15

腰部协调
扫一扫
即刻观看学习

图4-16

2. 起跳后甩腰

两腿开立与肩同宽，双脚向后起跳，双手同时向后甩动（图4-17）。

图4-17

腰部协调
扫一扫
即刻观看学习

二 / 上下肢协调

身体直立，双脚分开，提左膝右手平拳打出，提右膝左手平拳打出。

每次不少于3组，每组不少于10次（图4-18和图4-19）。

图4-18

图4-19

上下肢协调
扫一扫
即刻观看学习

第四节　力量训练

力量分为张力和爆发力，在称呼上有人把张力称为静力，把爆发力称为打击力，爆发力可用沙袋或靶子实现，也可用杠铃哑铃做辅助。在一场真实的比赛或街斗中，往往有力的一击即可决定胜败，而咏春拳对力量的训练是必不可少的。

一 / 上肢力量

两人平行相对站立，练习者拳面相对，两臂体前抬平，另一方两手掌放于练习者两肘上，向下用力合臂，当练习者两小臂相接触时，用力撑开，练习者两臂要撑平时，另一方再向下合，如此反复循环，直至酸到没力为止。每次2组，每组不少于10次（图4-20～图4-22）。

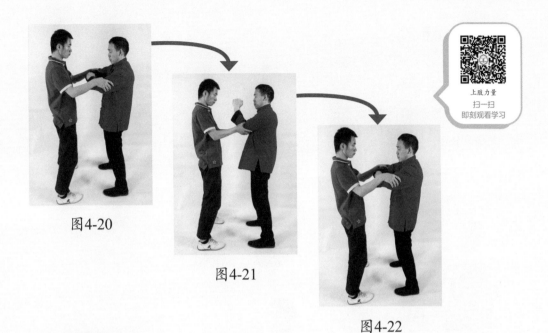

图4-20

图4-21

图4-22

上肢力量
扫一扫
即刻观看学习

二 / 腰腹力量

腰腹力量训练最常见的方式是仰卧起坐，这也是对腹部最直接的训练方法，练习时两腿伸直平躺，两手放于耳侧，进行仰卧起坐。每次不少于2组，每组不少于15～30次（图4-23和图4-24）。

图4-23

图4-24

腰腹力量
扫一扫
即刻观看学习

第四章 咏春拳应具备的综合素质

129

三 / 腿部力量

　　身体面向墙站立，两脚尖贴在墙面上，身体垂直下蹲，两手在体侧碰触地面时蹲起，如此反复（图4-25～图4-27）。缓慢做蹲起练习，初习者蹲不下来可以先蹲一半，随着腿部力量增加，逐渐下蹲到底，每次3组，每组5～10次。

图4-25

腿部力量
扫一扫
即刻观看学习

图4-26

图4-27

第五节　柔韧性训练

不同的运动项目对柔韧性要求也不同，咏春拳的柔韧性主要以腰部、腿部、肩部为强化区域，柔韧性训练的目的不仅限于把筋拉长，而是让身体更加协调。柔韧性在练习时应做10～15分钟热身，避免肌肉或韧带拉伤。

一 / 腿部柔韧性

腿部柔韧性可去掉繁琐的、多余的动作，用横竖叉来完成，竖叉要求身体摆正，两腿成一条直线，前手放于大腿上，后手放于臀部，横叉要求两腿（从后看）横向成一条直线，两手放于地面或胯部，初练时腿部无法全部碰到地面，练习竖叉要两面互换，腿打开时心里默数15个数字，让上身重量起到压腿作用。可分3组完成（图4-28～图4-31）。

二 / 腰部柔韧性

腰部柔韧性练习可做前后弯腰，弯腰时动作不能过快、过猛，避免腰部拉伤。每次2组，每组15～30个（图4-32和图4-33）。

图4-28

图4-29

腿部柔韧性
扫一扫
即刻观看学习

图4-30

图4-31

图4-32

图4-33

腰部柔韧性
扫一扫
即刻观看学习

三 / 肩部柔韧性

两人相对站立，两手搭于对方肩部，向下弯腰做肩部拉压。每次1组，不少于30次（图4-34）。

图4-34

肩部柔韧性
扫一扫
即刻观看学习

参考文献

王德生. 咏春拳入门必学招式. 辽宁：辽宁科学技术出版社，2013.